AF561067

1620. 257

# EDICT, DECLARATIONS, LETTRES PATENTES & Arreſts du Conſeil d'Eſtat, pour l'eſtabliſſement des Offices de Procucureurs Poſtulans ou Aduocats faiſans leſdites charges. Reduction du nombre d'iceux, & Heredité deſdits Offices.

*Verifié és Parlemens de Paris, Thoulouze, Bordeaux Chambre des Comptes, Cour des Aydes & Grande Chancellerie de France, les* 18. *&* 24. *Feurier,* 28. *Septembre &* 18. *Nouemb.* 1620. 28. *Iuin* 1627. *&* 7. *de Ianuier* 1630.

A PARIS,
Iouxte la coppie imprimée
par ANTOINE ESTIENE, P. METTAYER & C. PREVOST, Imprimeurs ordinaires du Roy.

M. DC. XXX.

*Auec Priuilege de ſa Majeſté.*

16

258

# EDICT DV ROY PORTANT *creation & restablissement des Offices de Procureurs Postulans.*

Verifié en Parlement, Chambre des Comptes & Cour des Aydes les 18. & 24. de Feurier 1620.

OVIS par la graçe de Dieu Roy de Frãce & de Nauarre: A tous presens & aduenir, Salut. Depuis nostre Edict sur les Remonstrances des Estats generaux conuoquez en nostre bonne ville de Paris, & les aduis qui nous ont esté donnez en l'assemblée de Roüen, Nous auons receu nouuelles plaintes de plusieurs Procureurs Postulãs, tant en nos Cours souueraines que Iurisdictions Royales, subalternes & inferieures, de ce que le nombre estoit tellemẽt accreu & deuenu si excessif en chacune desdites Iurisdictions, qu'ils ne peuuẽt plus gagner leur vie en faisant leurs charges auec honneur & conscience, d'où il aduient que ceux qui n'ont biens & moyẽs d'ailleurs, sont contraints rechercher diuers artifices & subtilitez, pour multiplier & tirer en longueur les procés par incidens, inutils & tresdommageables aux parties, à la honte & au mespris de la Iustice & des Magistrats & Officiers qui sont employez à l'exercice d'icelle : Aquoy desirant pouruoir pour le bien de la Iustice & soulagemẽt de nos Sujets, Nous uous sommes fait representer l'Edict fait par le Roy Charles IX. en l'année mil cinq cens soixante & douze, pour la Creation desdits Procureurs en titre d'Office, & reduction à certain nombre reglé & limité en suitte d'autres Edicts, & Declarations faites par nos predecesseurs Roys Louis XII. François I. & François II. celuy fait par Henry III. en l'année mil cinq cens quatre-vingts quatre; diuers Arrests donnez en nostre Conseil, du temps du feu Roy nostre tres-honoré Seigneur & Pere que Dieu absolue; Lesquels ayant fait examiner en nostre Conseil, & cõsideré, puis que lesdits Edicts, Declarations & Arrests n'ont peu empescher que lesdits Procureurs n'ayent esté accreus & augmentez de tẽps à autre, iusques à vn nombre si excessif, qu'il excede de beaucoup en la pluspart des Iurisdictions, celuy à quoy ils estoiẽt reduits par les Reglemens sur ce faits; qu'il n'y auoit autre meilleur moyen de faire cesser cet abus & desordre, que de faire executer & obseruer exactement lesdits Edicts &

Declarations, les erigeant de nouueau en titre d'Office, & les reduisant à certain nombre, qui ne pourra estre excedé par nous & nos successeurs Roys à l'aduenir, pour quelque cause & occasion que ce soit; y ayant grande raison d'esperer que ce titre d'honneur qu'ils auront d'estre nos Officiers, en rẽdra le choix meilleur qu'il n'est à present, & fera qu'ils seront plus soigneux d'exercer leurs charges auec honneur & conscience: SÇAVOIR FAISONS, qu'ayant mis cet affaire en deliberation en nostredit Conseil, où estoient aucuns Princes de nostre sang, autres Princes Officiers de nostre Couronne, & autres grands & notables personnages, DE L'ADVIS d'iceluy & de nostre propre mouuement, pleine puissance & authorité Royale, Nous auons par cettuy nostre present Edict perpetuel & irreuocable, dit, statué & ordonné, disons, statuons & ordonnons, qu'à nul autre qu'à nous n'appartienndra cy-apres d'establir des Procureurs Postulans & autres Officiers, en toutes nos Cours souueraines & Iurisdictions Royales de cettuy nostre Royaume, Terres & Seigneuries de nostre obeïssance, comme estant vn droict Royal: & faisons defenses à tous nos Officiers de quelque qualité & condition qu'ils soient, d'en receuoir & establir aucuns à l'aduenir sans nos Lettres de prouision, bien & deuëment expediées & seellées de nostre grand Seau. En consequence dequoy, & des Edicts des Roys nos predecesseurs, Nous auons entant que besoin est ou seroit, de nouueau creé, & erigé, creons & erigeõs par ces presentes en tiltre d'Office formé, toutes lesdites charges de Procureurs Postulans en toutes & chacunes nos Cours de Parlement, Grand Conseil, Chambres des Comptes, Cours des Aydes, Bailliages, Seneschaussées, Sieges Presidiaux, Preuostez, Vigueries, Vicomtez, Eslections, Greniers à Sel, & autres Iurisdictions Royales, pour y estre presentement par nous pourueu de la personne de ceux qui sont de present en exercice, qui voudront prendre Lettres de nous, & cy apres, vacation aduenant, iusques à vn certain nombre moderé, suiuant les Reglemens qui en seront faits en nostre Cõseil, par l'aduis des Officiers de nosdites Cours & Iurisdictions, que nous leur enioignons de nous enuoyer incontinent apres la publication de nostre present Edict, pour ioüir par lesdits Procureurs qui payeront la finance à laquelle ils seront moderément taxez en nostre Conseil, & prendront nos Lettres de prouisions dans trois mois apres la significa-tion qui leur sera faite, des honneurs, priuileges, fonctions, profits & émolumens y appartenans, tels & semblables qu'ils en ioüissent à present bien & deuëment. Et afin que ledit nombre qui sera par nous reglé ne puisse estre excedé, Nous declarons nostre vouloir & intention estre que lesdictes charges de Procureurs demeurent esteintes & supprimées, vacation arriuant par mort, iusques à ce qu'elles soient reduites au nombre porté par lesdits Reglemens, sans qu'ils puissent estre restablis, ny ledit nombre augmenté cy-apres, pour quelque cause & occasion que ce soit. N'entendons toutesfois que les Procureurs qui sont à present en toutes lesdites Cours & Iurisdictions, & qui exerceront leurs charges en vertu des nominations & commissions qu'ils ont cy-deuant obtenuës de nos Officiers, puissent estre contraints de prendre lesdites Lettres de prouision, si bon ne leur semble, ny qui leur soit fait ou donné aucun empeschement en l'exercice desdites charges, à ceste occasion, leur vie durant. Mais afin qu'il y ait quelque distinction entre ceux qui auront l'honneur d'estre nos Officiers, & ceux qui se contenteront desdictes nominations & commisſions, Nous voulons que ceux qui prendront noſdites Lettres de prouiſion, puiſſent reſigner leurs charges quand bon leur ſemblera, tout ainſi qu'il eſt permis à nos autres Officiers. Et outre, que nodits Procureurs de nos Cours de Parlements & autres Cours ſouueraines pourueus de nous, ſoient tenus du corps deſdites Cours, & ioüiſſent des meſmes priuileges & exemptions tout ainſi que font les Huiſſiers d'icelles. Et pour le regard deſdits Procureurs qui exercent leurs charges en vertu deſdictes nominations & commiſſions de nos Officiers, & qui ne prendront noſdites Lettres de prouiſion, ils ne pourront reſigner leſdictes charges, ny ioüir deſdits priuileges; ains voulons que par leur mort elles demeurent eſteintes & ſupprimées, ſans qu'il y puiſſe eſtre cy-apres pourueu par nous & nos ſucceſſeurs Roys, ſinon que le nombre qui ſera porté par leſdits Reglemẽs, ne fut remply. Et où par cy-apres aucuns Procureurs ſeroient admis & receus outre ledit nombre, en vertu de nos Lettres de Prouiſion & Commiſſion de nos Officiers; par ſurpriſe ou autrement, Nous auons dés à preſent caſſé, reuoqué & annullé, caſſons, reuoquons & annullons leſdites prouiſions & receptions: Faiſons defenſes auſdits

dits Procureurs de s'immiscer en la fonction desdites charges, à peine de faux, & mil liures d'amende, dommage & interrests des parties, pour lesquelles ils auroient occupé; faisans expresses inhibitions & defenses aux autres Procureurs sous les mesmes peines, de leur prester leurs noms, ny signer pour eux aucuns actes ou appointemens. N'entendõs par cettuy nostre present Edict, innouer aucunes choses pour les Cours & Iurisdictiõs où les Procureurs ioüissent de leursdictes charges en tiltre d'Office, en vertu de nos Lettres de prouision ou de nos predecesseurs Roys, deuëment expediées, ny que ceux qui prendront nosdites Lettres, soient tenus de subir nouuel examen, ny prester autre nouueau serment que celuy qu'ils ont presté lors qu'ils ont esté receuz. Si donnons en mandement à nos amez & feaux Conseillers les Gens tenans nos Cours de Parlemens, Chambre des Comptes, Grand Conseil, Cour de nos Aydes, & autres nos Officiers qu'il appartiendra : que le present Edict ils ayent à registrer, & le contenu en iceluy faire garder & obseruer de point en point selon sa forme & teneur, tãt nos Baillifs, Senechaux, leurs Lieutenans, Conseillers des sieges presidiaux, Esleuz, Grenetiers, qu'autres Officiers des sieges Royaux de ce Royaume. Enioignons aussi à nos Pocureurs Generaux esdites Cours, requerir l'entherinement de nostredit Edict, & faire iceluy publier & executer en chacune desdites Cours & Sieges, à la diligence & soin de leurs Substituts: CAR tel est nostre plaisir, nonobstant oppositions ou appellations quelconques, & tous Edicts & Ordonnances, Reglemens, Arrests, coustumes, vsances, priuileges & autres choses à ce contraires. Ausquelles & aux derogatoires des derogatoires y contenuës, Nous auons derogé & derogeons. Et afin que ce soit chose ferme & stable à tousiours, Nous auons fait mettre nostre seel à cesdites presentes. DONNE' à Paris au mois de Feurier l'an de grace mil six cens vingt. Et de nostre regne, le dixiéme. Signé, LOVIS. Et sur le reply, Par le Roy: DE LOMENIE. Et à costé, Visa: Et seellé du grand Seau de cire verte sur lacs de soye. Et encor sur ledit reply est écrit.

*Leu, publié, registré, present & requerant le Procureur General du Roy, ordonné que copies collationnées seront enuoyées aux Bailliages & Seneschaussées, pour y estre leuës, publiées, registrées & executées selon leur forme & teneur.*

*A Paris en Parlement le Roy y ſeant, le dix-huictieſme Feurier 1620.*

Signé, Dv Tillet.

*Leu, publié & regiſtré en la Chambre des Comptes, ce requerant le Procureur General du Roy, par le commandement de ſa Majeſté porté par Monſieur le Prince de Condé, venu exprés en ladicte Chambre, aſsiſté des ſieurs de Chaſteau-neuf, Preſident Ieannin & Vignier, Conſeillers en ſes Conſeils d'Eſtat & Priué, le 24. iour de Feurier 1620.*

Signé, Bovrlon.

*Leu, publié & regiſtré par le commandement du Roy porté par Monſieur le Prince de Condé, aſſiſté des ſieurs de Chaſteau-neuf, Ieannin & Vignier, Conſeillers au Conſeil d'Eſtat de ſa Majeſté, oüy & conſentant le Procureur General. A Paris en la Cour des Aydes le 24. Feurier 1620.*

Signé, Pavlmier.

*Leu, publié & regiſtré, oüy le Procureur General du Roy à Bourdeaux en Parlement le Roy ſeant, le ving-huictieſme Septembre mil ſix cens vingt.*

# EXTRAICT DES RE gistres de Parlement.

*LE Roy seant en son lict de Iustice, a ordonn & ordonne, que sur le reply des Lettres paten tes en forme d'Edict, & autres qui ont esté pre sentement leuës, sera mis qu'elles ont esté leuës publiees & registrees, oüy, & ce requerant son Pr cureur general, & que copies d'icelles deuëment co lationnees par le Greffier, seront enuoyees à la dili gence d'iceluy Procureur General, par toutes les Se neschaussees & Bastilles du ressort, pour y estre sem blablement leuës, publiees & registrees, gardees obseruees selon leur forme & teneur: se reseruan neantmoins sa Majesté de pouruoir au soulagemen de ses subjets, si tost que la necessité de ses affair luy permettra. Faict à Bourdeaux en Parlement, Roy y seant, le vingt-huictiesme Septembre mil si cens vingt.*

Signé, DE PONTAC.

# EXTRAICT DES REGISTRES de Parlement.

VEu les Lettres patẽtes du Roy en forme d'Edict, données à paris au mois de Feurier mil six cens vingt, signées Par le Roy, Phelipeaux, & seellées du grãd seau de cire verte aux lacs de soye, Concernans l'erectiõ & creation en tiltre d'Office formé des charges de Procureurs postulans en toutes les Cours de Parlemens, Grand Conseil, Chambre des Cõptes, Cours des Aydes, Bailliages, Seneschaussées, sieges Presidiaux, Preuostez, Vigueries, Vicomtez, Eslections, Greniers à sel, & autres Iurisdictions Royales, aux conditions portees par lesdictes Lettres. Et veu aussi l'Arrest donné par ladite Cour le dix-neufiesme Nouembre audit an 620. sur le refus par elle faict, de proceder à la verificatiõ d'icelles. Ensemble, auec Lettres patentes données à S. Germain en Laye, aussi signées Phelipeaux, & seellées du grand seau de cire iaune à simple queuë, contenant Iussion à ladite Cour de proceder à ladite verification, Et oüy sur ce le Procureur General du Roy. LA COVR, les Chã-bres assemblees, a ordonné & ordonne, que lesdites Lettres patentes en forme d'Edict, seront leuës, publiées & registrées aux Registres de ladite Cour, pour le contenu d'icelles estre gardé & obserué selon leur forme & teneur. Ordonne neantmoins ladite Cour, que le Roy sera tres-humblement supplié d'auoir agreable que les deniers qui prouiendront de l'execution dudit Edict, soient employez au payement des gens de guerre, establis pour le seruice de sa Majesté en ceste Prouince, au soulagement de ses bons subjets. Prononcé à Toulouze en Parlement, le dix-huictiesme iour du mois de Nouembre, mil six cens vingt-vn.

Signé, DE MALENFANT.

Double 270

# *Declaration du Roy portant reduction du nombre des Offices de Procureurs postulans, ausquels sa Majesté veut & entend estre pourueu.*

Verifiée en Parlement, le 28. iour de Iuin 1627.

OVIS par la grace de Dieu Roy de Frãce & de Nauarre, A tous ceux qui ces presentes Lettres verront, Salut. Ayans fait voir en nostre Cõseil, nostre Edict du mois de Feurier 1620. contenant la creation & restablissemẽt des charges de Procureurs postulãs en tiltre d'Office, auec defenses à tous Iuges de quelque qualité qu'ils soient, de plus admettre ny receuoir aucuns Procureurs sans nos Lettres de prouisiõ deuëment expediées & seellées du grand Seau, & à toutes personnes de s'entremettre en l'exercice & fonction desdites charges, sans estre pourueuz de nous, à peine de faux, mil liures d'amendes, dommages & interests des parties contre lesquelles ils auront occupé, & à tous Procureurs sur les mesmes peines, d'occuper auec eux, ny signer pour eux aucuns actes ou appoinctemens: Les Arrests donnez en nostre Conseil en consequence dudit Edict, les vingt-neufiesme Aoust ensuiuant, & dernier Septembre mil six cens vingt-vn : Le Reglement general fait en nostredit Conseil, pour l'execution dudit Edict, le vingt-sixiéme Octobre mil six cens vingt-deux: Les Requestes à nous presentées par les anciens Clercs & postulās en nostre Cour de Parlement de Paris, à ce qu'il nous pleust les admettre au lieu & place des Procureurs decedez depuis les dernieres receptions, & de ceux qui decederont cy-apres sans estre pourueuz de nous, en prenant par lesdits anciens Clercs & postulans Lettres de prouision suiuant nostredit Edict: La liste de trois cens tant de Procureurs exerçans leurs charges en nostredit Parlement, outre le nombre de quatre vingts & tant qui sont decedez depuis nostredit Edict : Les plaintes qui nous ont esté faites, de ce qu'au mespris des defenses portées par nostredit Edict, nosdits Iuges admettēt & establissent telles personnes que bon leur semble en l'exercice & fonction desdites charges de Procureurs, contre nostre intention, qui a tousiours esté de reduire & maintenir lesdites char-

charges en nombre certain & moderé: SÇAVOIR FAISONS, que pour ces causes, & de l'aduis de nostredit Conseil, NOVS auons par ces presentes signées de nostre main, reduit, limité & arresté, reduisons, limitons & arrestons le nombre des Procureurs en nostre Parlement de Paris, à trois cents, sans que ledit nombre puisse estre augmenté sous quelque pretexte que ce soit: Iusques auquel nombre & non plus, nous voulons & entendons qu'il soit expedié & deliuré des prouisions aux Procureurs exerçans à present leurs charges en nostredit Parlement: compris dans ledit nombre de trois cens, les Procureurs, leurs resignataires & demissionnaires, qui depuis nostredit Edict & en consequence d'iceluy, ont obtenu de nous nos Lettres de Prouision. Lesquelles Prouisions nous ordonnons estre registrées au Greffe de nostredit Parlemenr: Lesdits resignataires & demissionnaires receus & installez pour ioüir à l'aduenir de leursdictes charges en tiltre d'Office, selon & ainsi que nous l'auons statué, & ordonné par nostredit Edict.

Et à l'égard des Presidiaux, Bailliages, Seneschaussées & autres Iurisdictions inferieures du ressort & estenduë dudit Parlement, il soit deliuré des prouisions en pareil nombre qu'il y auoit de Procureurs receus & installez en chacun desdits Sieges & Iurisdi-dictions, lors de la verificatiõ de nostredit Edict. VOVLONS & ordonnons que tous lesdits Procureurs qui restent à pouruoir, tant en nostredit Parlement que esdits Sieges qui en ressortissent, soient tenus prendre prouision de nous dans vn mois apres l'enregistrement des presentes au Greffe de nostredicte Cour: Autrement, & à faute de satisfaire dãs ledit temps, sans esperance d'autre delay, ils y seront contraints ainsi qu'il est accoustumé pour nos propres affaires: Mesmes qu'apres ledit temps d'vn mois expiré, les prouisions restans à leuer pour parfaire ledit nombre de trois cens Procureurs pourueus en nostredit Parlement, soient expediées & deliurées aux anciens Clercs & postulans audit Parlement, les premiers qui se presenterõt pour les leuer, suffisans & capables de l'exercice & fonction desdites charges: Et qu'à leur receptiõ & installation, il soit procedé selon & au desir de nos Ordonnances: Et soit fait le semblable des prouisions qui resteront à leuer apres ledit mois expiré, pour remplir le nombre des Procureurs desdits Presidiaux & Sieges inferieurs, selõ qu'il est cy-deuãt reduit & limité.

PERMETTONS aux Procureurs qui sont &

seront cy-apres par nous pourueus, de resi-
gner leurs charges & Offices ainsi que font
nos autres Officiers: & aux vefues & heritiers
de ceux qui aurōt payé le droict annuel, d'en
disposer au nom & au profit de telles personnes que bon leur semblera capable d'en faire
l'exercice, tout ainsi & en la mesme forme &
maniere que font les autres vefues & heritiers des Officiers decedez qui ont payé ledit
droict annuel pendant leur viuant: Du payement duquel droict annuel, nous auons dis-
pensé & dispensons pour la premiere année
ceux qui auront volontairement & sans con-
trainte leué leurs quittances de finance &
pris leurs prouisions.

Et pour ce que plusieurs Clercs & Solli-
citeurs, aucuns par faueur & les autres par
importunité, ont depuis la verificatiō de nostredit Edict, & au preiudice des defēses portées par iceluy, obtenu de nos Cours de parlemens des Arrests de retenuë. & des Presidiaux & autres Iuges inferieurs des actes de
reception, en vertu desquels les vns & les autres font l'exercice & principale fonctiō desdites charges de Procureurs, au desaduātage
non seulement de ceux qui en portent le tiltre, mais à nostre preiudice, en ce que telles
entreprises eludent & aneantissent entiere-

ment l'effect de nostredit Edict; A quoy il nous a esté representé, qu'il estoit necessaire de pouruoir: A CES CAVSES, nous auons par ces mesmes presentes, & de nostre pleine puissance & authorité Royale, reuoqué & reuoquons tous & chacuns lesdits Arrests de retenuë comme subrepticement obtenus; cassons, reuoquons & annullons toutes sentences & actes de receptions esdites charges de Procureurs, sans nos Lettres de prouision depuis nostredit Edict verifié. Faisons defences à ceux qui ont obtenu lesdits Arrests de retenuë, sentences & actes desdites receptions, de s'en ayder, à peine de mil liures d'amende, applicables vn tiers aux pauures, vn tiers à la communauté desdits Procureurs, & l'autre tiers au denonciateur, despens, dommages & interests des parties, pour & contre lesquelles ils auront occupé. Pour lesquels despens, dommages & interests, lesdites parties se pouruoyront par les voyes, & ainsi qu'ils verront estre à faire en cas de contrauention aux presentes defenses.

DEFENDONS sur les mesmes peines, à tous Procureurs de signer autres expeditions qu'és causes desquelles leurs Registres seront chargez, si ce n'est pour les autres Procureurs indisposez ou absens; adioustant au dessous de leurs signatures, la qualité en laquelle ils signeront comme Substituts. VOVLONS & ordonnons au surplus, que nostredit Edict soit & demeure en sa force& vertu, gardé & obserué à l'aduenir sans y estre contreuenu, sur les peines susdites.

SI DONNONS en mandement à nos amez & feaux Conseillers les gens tenans nostre Cour de Parlement à Paris, & à tous nos autres Iuges & Officiers qu'il appartiendra, qu'ils ayent à faire registrer ces presentes au Greffe de nostre dite Cour & de nos Sieges qui en ressortissent, icelles garder & obseruer de point en point selon leur forme & teneur, & à faire cesser tous troubles & empeschemens cõtraires. CAR tel est nostre plaisir, Nonobstant tous Edicts, Réglemens & Arrests, ausquels nous auons dérogé & dérogeons par ces presentes. Et parce que l'on pourra auoir affaire d'icelles en plusieurs & diuers endroits, nous voulons qu'au vidimus deuëment collationné par l'vn de nos amez & feaux Conseillers, Notaires & Secretaires, foy soit adioustée comme au present original : En tesmoin dequoy nous y auons fait mettre nostre seel. DONNE' à Paris le vingt-troisiesme iour de Iuin, l'an de grace mil six cens vingt-sept, &de nostre regne, le dix-huictiéme. Signé, LOVIS, Et plus bas par le Roy : DE LOMENIE. Et seellées sur double queuë du grãd seau de cire jaune.

*Leuës, publiées & registrées, oüy & ce requerant le Procureur General du Roy. A Paris en Parlement le Roy y seant, le vingt-huictiesme Iuin mil six cens vingt-sept.* Signé, DV TILLET.

---

LOVIS par la grace de Dieu Roy de France & de Nauarre, Au premier Huissier de nostre Cõseil, ou autre nostre Huissier ou Sergent sur ce requis, Salut. Voulans que nostre Edict du mois de Feurier mil six cens vingt, portant restablissement de toutes les charges de Procureurs Postulans en titre d'Office, soit executé; Et que suiuãt nos Lettres de Declaration sur iceluy du vingt-troisiesme Iuin dernier, verifiées en nostre Parlement de Paris le vingt-huitiéme dudit mois, les Procureurs restans à pouruoir en nostredit Parlement, Chastelet de Paris, & tous autres Presidiaux, Bailliages, Seneschaussées, & autres nos Iurisdictions du ressort & estenduë dudit Parlemẽt, soient tenus leuer quittance de finance & prendre Lettres de prouision de nous & à ce faire contraints cõformément à nosdites Lettres de Declaration, attendu que le delay d'vn mois porté par icelle, est à present expiré; Nous te mandons, commandons & tres-expressément enjoignons par ces presentes, Tu ayes à signifier & bailler copies de nosdites Lettres de Declaration, desquelles le vidimus est cy-attaché sous le contreseel de nostre Chancellerie; aux Procureurs & Greffiers des Communautez des Procureurs de nostredite Cour de parlemẽt & Chastelet de Paris, tant pour eux que pour les autres Procureurs de nos autres Presidiaux & Sieges: & pour les Sieges où il n'y a point de Syndic, au plus ancien Procureur de chacun d'iceux, aussi tant pour eux que pour les autres, à ce que chacun desdits Procureurs restans à pouruoir en nostredit Parlement, Chastelet de Paris, Presidiaux, Bailliages, & tous autres Sieges, ayent à leuer leursdites quitances de finance, & prendre Lettres de prouision de nous: Leur declarãt qu'à faute de ce faire dans trois iours apres ladite signification, chacun d'eux y sera contraint par les voyes, & ainsi qu'il est accoustumé pour nos propres deniers & affaires, tant en vertu du vidimus de nostredite De-

claration, que desdites presentes. Et pour
regard de ceux ausquels leurs quitãces de
nance & prouisions ont esté cy-deuant del
urées sur leurs promesses de payer ladite
nance, marc d'or, expeditions & seau de
dites prouisions, Tu les contraindras à pay
presentement, le tout nonobstant opposi
tions ou appellations quelsconques, & san
preiudice d'icelles, dont nous auõs retenu &
reserué la cognoissance à nous & à nostr
Conseil, icelle interdite & defenduë à toute
nos Cours & autres Iuges. Et en outre soi
en ce faisant, declaré ausdits Procureurs de
dites Cõmunautez des Procureurs de nostr
dit Parlement & Chastelet de Paris, & au
Syndics & plus anciens Procureurs de no
autres Sieges Royaux, qu'à faute de leuer pa
chacun desdits Procureurs les prouisions qu
restent à leuer pour remplir & parfaire l
nombre de trois cens pour nostredit Parle
lement, lesdites prouisions seront expediée
& deliurées aux anciens Clercs & Postu
lans dudit Parlement, les premiers qui se pre
senteront pour les leuer, suffisans & capable
de faire l'exercice & fonction desdites char
ges, selon que nous l'auons ordonné par nos
dites Lettres de Declaration, à ce qu'aucun
n'en pretende cause d'ignorance: Et qu'il en

sera

sera fait le semblable aux anciens Clercs & Praticiens en nostre Chastelet de Paris, Presidiaux, Bailliages, Seneschaussées & autres nos Iurisdictiõs Royales. Comme aussi nous voulons & entendons qu'au surplus les defenses portées par nostredit Edict & Lettres de Declaration, soient gardées & obseruées sur les peines portées par icelles. De ce faire te donnons pouuoir, commission & mandement special, ensemble de faire pour l'execution de nosdits Edict & Lettres, tous exploicts, significations, sommations & tous autres actes que besoin sera, sans que tu sois tenu demander autre congé, placet, visa ne pareatis, que cesdites presentes; au vidimus desquelles deuëment collationnées par l'vn de nos amez & feaux Conseillers & Secretaires, nous voulons foy y estre adioustée comme au present original: CAR tel est nostre plaisir. DONNÉ à Fremont le dernier iour de Iuillet, l'an de grace 1627. & de nostre regne le dix-huictiéme. Signé, par le Roy en son Conseil, BOVER. Et seellé du grand seau sur simple queuë de cire iaune.

# *Autre Declaration du Roy pour l'heredit[é] de tous les Offices de Procureurs Postu-lans ou Aduocats faisant lesdites charges.*

Publiée & registrée en la grande Chancellerie d[e] France le 7. de Ianuier 1630.

LOVIS par la grace de Die[u] Roy de Frãce & de Nauarre, A tous ceux qui ces presente[s] Lettres verront, Salut. Le[s] grandes despences auquelle[s] nous nous trouuons engage[z] pour soudoyer les armées qu'à l'instãte prier[e] de nos alliez nous faisons passer en Italie pou[r] les guarentir d'opression, nous obligeans à re-courir à la recherche des moyens extraordi-naires pour suppléer à ce qui ne peut estr[e] porté sur nostre reuenu ordinaire: Entre plu-sieurs propositions qui nous ont esté faites, nous n'en auons iugé aucune plus innocente, & qui fust moins à la charge de nostre peuple & diminution de nos Finances, que celle de l'attribution d'heredité aux Offices de Pro-cureurs Postulans de nostre Royaume, tant pour le bien qui en reuiendra à nos subiets, dont les titres, papiers & enseignemens concernans leurs affaires, qu'ils sont contraints de confier és mains desdits Procureurs lors qu'il leur arriue quelque different ou procés, seront à l'aduenir plus fidellement gardez & conseruez par l'asseurance qu'auront lesdits Procureurs, que venant à deceder, leurs Offices au moyen de ladite heredité, demeureront à leurs enfans & successeurs, auec leurs pratiques, titres & papiers : Outre que lesdits Offices se trouuët eualuez à des sommes si modiques, que le reuenu de nos Parties Casuelles ne s'en trouuera comme point diminué : A CES CAVSES ayans mis cét affaire en deliberation en nostre Conseil, De l'aduis d'iceluy, & de nostre certaine science, pleine puissance & authorité Royale, AVONS dit & declaré, voulu & ordonné, disons, declarons, voulons & ordonnons par ces presentes signées de nostre main, que tous les Offices de Procureurs Postulans ou Aduocats faisans lesdites charges de Procureurs Postulans conioinctement en nos Cours de Parlements, Chambres des Comptes & Cours des Aydes (celles de Paris exceptées) Bailliages, Seneschaussées, Sieges Presidiaux, Preuostez, Eauës & Forests, Elections, Greniers à

Sel, Bureaux des Finances, Iuges Consuls & en toutes autres Iurisdictions Royales de nostre Royaume, mesmes tous les Procureurs ou Aduocats Postulans en tous les Sieges, Iustices & Iurisdictions Royales tenuës par engagement, doüaires, appanages ou autrement, ausquelles l'establissement desdites charges de Procureurs Postulans en titre d'Office a esté fait depuis lesdits engagemẽs, doüaires, appanages & autrement, comme n'ayans lesdits Offices peut estre cõpris dans l'eualuatiõ qui a esté ou deuë estre faite desdits domaines; soient & demeurent doresnauant à tousiours hereditaires, pour en iouir par ceux qui en sont & seront cy-apres pourueus, leurs vefues, hoirs, successeurs ou ayans cause hereditairement, & en faire & disposer comme de leur chose propre en vertu de la Quittance de finance qu'ils auront payée pour le droit d'heredité en suitte de nos Lettres de prouision, ou de celles qui leur seront cy-apres expediées en heredité; sans que lesdits Offices puissent neantmoins estre declarez domaniaux, ny sujets à reuente pour quelque cause & occasion que ce soit; en payant par iceux Procureurs ou Aduocats Postulans, & chacun d'eux és mains du Tresorier de nos Parties Casuelles, les sommes ausquelles ils seront moderément taxez en nostre Conseil, auec les deux sols pour liure d'icelles, pour ledit droict d'heredité, quinze iours apres la signification & commandement qui leur en sera fait pour le corps des Procureurs d'vne Iustice, en la personne ou domicile du plus ancien ou Syndic desdits Procureurs ou Aduocats Postulans. Et en cas que dans ladite quinzaine, lesdits Procureurs ou Aduocats, ou aucun d'eux, n'ayẽt payé lesdites taxes, ils y seront contraints par toutes voyes deuës & raisonnables. Defendons à tous ceux qui seront refusans de payer lesdites taxes, de faire aucun exercice ou fonction desdites charges, à peine de faux. Si donnons en mandement à nostre amé & feal le Sieur de Marillac Cheualier Garde des Seaux de France, que ces presentes il face lire & publier le Seau tenant; & à nos amez & feaux Conseillers les Grands Audienciers & Controlleurs generaux de l'Audience de France, de les faire enregistrer és Registres de ladite Audience, & du contenu en icelles souffrir & laisser iouïr lesdits Procureurs & Aduocats Postulans, pleinement & paisiblement, sans permettre qu'il y soit contreuenu en quelque maniere que ce soit, nonobstant oppositions ou appellations quelconques

& tous Arrests, Declarations & Lettres à ce contraires, ausquelles nous auons pour ce regard dérogé & derogeons: & desquelles oppositions ou appellations, si aucunes interuiennent, nous auons retenu & reserué, retenons & reseruons la cognoissance à nous & à nostre Conseil, & icelle interdite & defenduë, interdisons & defendons à toutes nos Cours & Iuges. Enioignons à nos Procureurs Generaux esdites Cours, leurs Substitus en tous lesdits Sieges Presidiaux & autres Iustices Royalles, de tenir la main à l'execution de nostre presente Declaration. Et pource que d'icelle on pourroit auoir besoin en plusieurs & diuers lieux, nous voulons que sur les copies qui en seront collationnées deuëment par l'vn de nos amez & feaux Conseillers & Secretaires, foy soit adioustée, & toutes executions s'ensuiuent, & ce en vertu du present original. CAR tel est nostre plaisir. EN TESMOIN dequoy nous auons fait mettre nostre seel à cesdites presentes. DONNE' à Paris le deuxiéme iour de Ianuier l'an de grace mil si cens trente, & de nostre regne le vingtiéme, Signé, LOVIS. Et sur le reply, Par le Roy: DE LOMENIE. & seellé du grand Seau de cire iaune sur double queuë. Et à costé est écrit:

*Leües & publiées le Seau tenant, de l'Ordonnance de Monseigneur de Marillac Garde des Seaux de France, moy Conseiller Secretaire du Roy & de ses Finances & grand Audiencier de France present, & registrées és registres de l'Audience de France, le 7. iour du mois de Ianuier mil six cens trente.*

Signé, PERROCHEL.

---

## EXTRAICT DES REgistres du Conseil d'Estat.

LE Roy voulant faciliter l'execution de ses Lettres de Declaration du deuxiéme iour du present mois de Ianuier dernier, par lesquelles & pour les causes & considerations y contenuës, SA MAIESTÉ veut & ordonne que tous les Offices de Procureurs Postulans ou Aduocats faisant lesdites charges de Procureurs coniointement en ses Cours de Parlemens, Chambres des Comptes, Cours des Aydes (celles de Paris exceptées) Bailliages, Seneschaussées, Sieges Presidiaux, Preuostez, Eauës & Forests, Elections, Greniers à Sel, Bureaux des Finances, Iuges Consuls, & en toutes autres Iuris-

dictions Royales de son Royaume, mesm[e]
tous les Procureurs ou Aduocats Postulan[s]
en tous les Sieges, Iustices & Iurisdiction[s]
Royales tenuës par engagement, appanage[s]
doüaires ou autrement; soient d'oresnauan[t]
& à tousiours hereditaires, pour en iouïr pa[r]
ceux qui en sont & seront cy-apres pourueus
leurs vefues, heritiers, successeurs & ayan[s]
cause hereditairement, & en faire & dispose[r]
comme de leur chose propre, en vertu de l[a]
quitance de Finance qu'ils auront payé[e]
pour le droict d'heredité, & des Lettres d[e]
prouision qui leur seront expediées en heredité, sans que pour ce lesdits Offices puissent estre declarez domaniaux ny sujets à re-
uentes pour quelque cause ou pretexte qu[e]
ce soit: en payant par iceux Procureurs o[u]
Aduocats Postulans & chacun d'eux, é[s]
mains du Tresorier des Parties Casuelles, le[s]
sommes ausquelles ils seront moderémen[t]
taxez audit Conseil, & les deux sols pour liures d'icelles pour ledit droict d'heretité
quinze iours apres la signification & commandemẽt qui leur en sera fait pour le corp[s]
des Procureurs ou Aduocats d'vne Iustice,
en la personne ou domicile du plus anciẽ ou
Syndic desdits Procureurs ou Aduocats Postulans. SA MAIESTE' EN SONDIT CONSEIL
a ordonné

a ordonné & ordonne, qu'à faute de payer par lesdits Procureurs ou Aduocats Postulans lesdites taxes, & les deux sols pour liure d'icelles, pour le droict d'heredité, dans la quinzaine, à compter du iour de la significa-tion ou commandemẽt qui leur en aura esté fait en la forme portée par ladite Declaration, ils y seront contraints par toutes voyes deuës & raisonnables, mesmes par saisies & ventes de leurs biens & Offices, nonobstant oppositions ou appellations quelsconques, & sans preiudice d'icelles, pour lesquelles ne sera differé : & où aucunes interuiendroient, sa Majesté en a retenu & reserué la cognoissance à soy & à son Conseil, & icelle interdite à tous autres Iuges quelsconques; faisant defenses ausdits Procureurs ou Aduocats Postulans qui n'auront payé leursdites taxes dans ledit temps, d'exercer iceluy passé leursdites charges, à peine de faux; & aux autres Procureurs de leur prester leur nom, ny signer pour eux aucunes expeditions, & aux Greffiers desdites Presentations, de receuoir aucuns actes signez d'eux, sur les mesmes peines. FAIT en outre sadite Majesté tres-expresses inhibitions à tous Iuges de receuoir cy-apres aucuns Procureurs ou Aduocats Postulans, qu'en vertu des Lettres de prouision bien & deuëment expediées ; & faisan[t] apparoir par les recipiendaires de la quit-tance que leurs predecesseurs ou eux auron[t] payée pour ledit droict d'heredité ; sur pein[e] de nullité des receptions autrement faites, & d'en respondre en leurs propres & priuez noms : & aux Tresoriers des Parties Casuelles de receuoir d'oresnauant aucunes resignations desdits Offices de Procureurs ou Aduocats Postulans, qu'en leur faisant apparoir des quittances de la finance payée pour ladite heredité. FAIT au Conseil d'Estat du Roy tenu à Paris le dixiesme iour de Ianuier mil six cens trente.

Signé, CORNVEL.

LOVIS par la grace de Dieu Roy de France & de Nauarre, A nostre Huissier ou Sergent sur ce requis, Salut. Nous te mandons, commandons & tres-expressément enjoignons que l'Arrest de nostre Conseil d'Estat cy-attaché sous le contre-seel de nostre Chancellerie, tu mettes à deuë & entiere execution de point en point selon sa forme & teneur ; & faire à cette fin tous exploits, significations, commandemens & contraintes requises & necessaires, nonobstant oppositions ou appellations quelsconques; pour lesquelles & sans preiudice d'icelles ne voulons estre differé; nonobstant aussi Clameur de Haro, Chartre Normande, prise à partie, & choses à ce contraires. Et d'autant que de nostredit Arrest & des presentes l'on pourra auoir affaire en plusieurs & diuers lieux, nous voulons qu'aux coppies deuëment collationées par l'vn de nos amez & feaux Conseillers & Secretaires, foy soit adioustée comme aux Originaux: CAR tel est nostre plaisir. DONNE' à Paris le dixiesme iour de Ianuier l'an de grace mil six cens trente, & de nostre regne le vingtiesme. Signé, Par le Roy en son Conseil, CORNVEL: & scellé du grand Seau de cire iaune.

*Collationné aux Originaux par moy Conseiller Secretaire du Roy & de ses Finances.*

www.ingramcontent.com/pod-product-compliance
Lightning Source LLC
LaVergne TN
LVHW010009230826
846092LV00002B/732

* 9 7 8 2 3 2 9 6 0 5 0 2 9 *